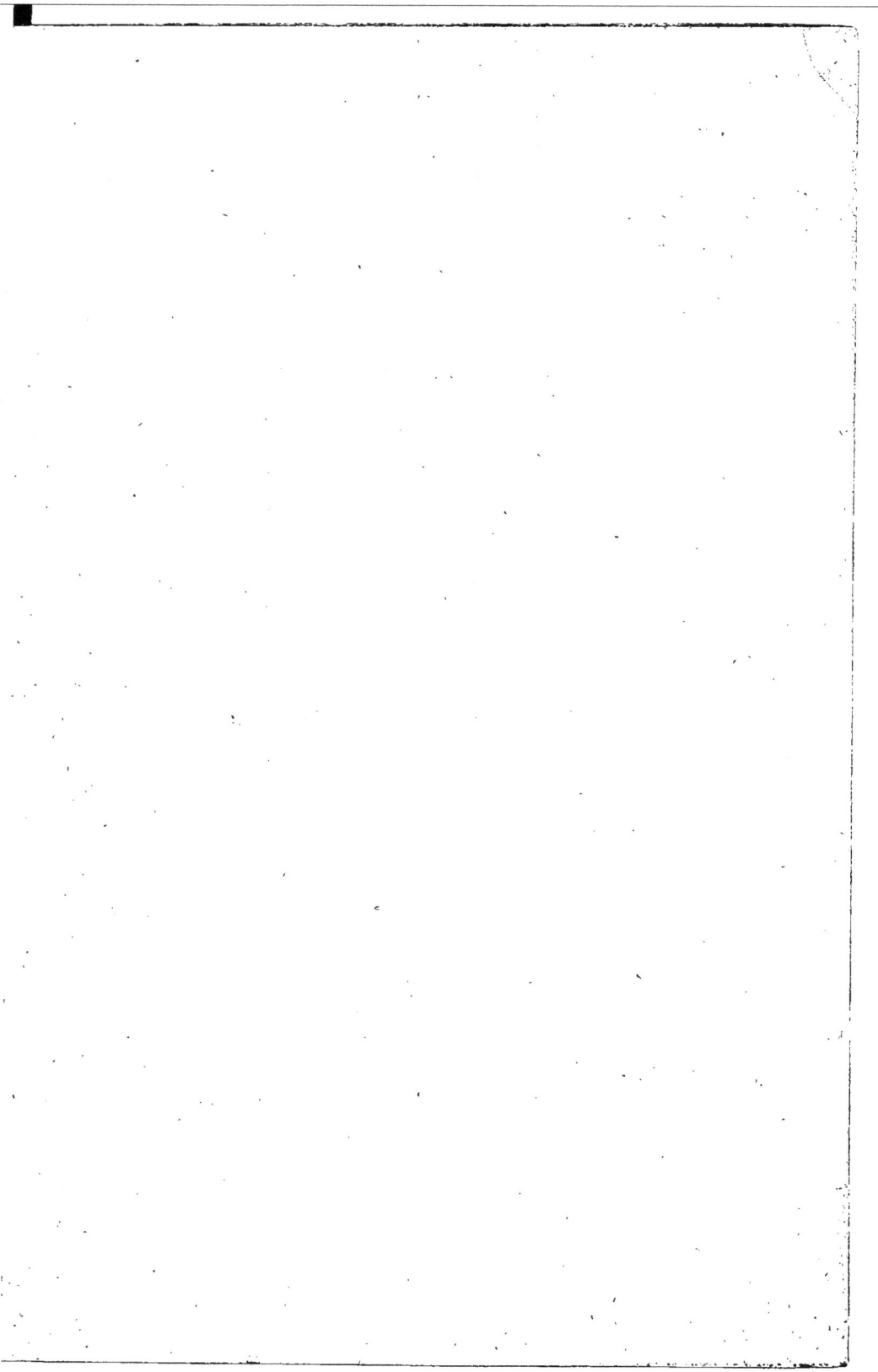

4

Lh 215.

OBSERVATIONS

A M. THIERS

SUR SON HISTOIRE QUI TRAITE

DE

L'EXPÉDITION DES ANGLAIS

SUR L'ILE DE WALCHEREN

ET SUR LES CHANTIERS D'ANVERS.

Une des grandes conceptions de l'Empereur fut
l'établissement du port de Flessingue et des chantiers
d'Anvers. Ils avaient une plus grande importance que
les travaux de Boulogne, si dispendieux, si coûteux,
si inutiles, si dangereux et si provocateurs, qui nous
ont attiré tant de désastres. La moitié des dépenses et
des moyens de marine réunis dans l'Escaut, entre Anvers et le port de Flessingue, étaient bien plus mena-
çans pour l'Angleterre que ces faibles barques inces-
samment battues par la tempête et journellement expo-
sées aux attaques et aux incendies. Dans l'Escaut, tous
les moyens d'agression réunis étaient à l'abri de tout
danger.

Les Anglais paraissaient donner toutes leurs préoccupations à la flottille de Boulogne ; ils voyaient cependant avec crainte l'établissement du port de Flessingue, qui abritait déjà une flotte en face de la Tamise. L'agrandissement des chantiers d'Anvers et les constructions qu'on y poussait avec activité leur inspirant de vives appréhensions pour l'avenir, ils résolurent d'organiser une grande expédition pour s'emparer de Flessingue et brûler les chantiers d'Anvers.

La situation de l'Europe leur était favorable. L'Empereur Napoléon, pour pousser vivement la guerre que l'Empereur d'Autriche avait suscitée, avait retiré une partie des troupes qui étaient en Espagne et dégarni tout le nord de la France. Anvers était laissé sans garnison ; il n'y restait que quelques ouvriers et les chefs de l'administration. La guerre en Autriche avait été heureuse : l'Empereur était maître de Vienne et s'occupait du passage du Danube lorsque survint inopinément le désastre d'Essling. Aucune faute n'avait été commise par Napoléon : les élémens seuls avaient causé ce désastre. On le crut d'abord irréparable, et, dans toute l'Europe, on fut persuadé que l'entière défaite de l'armée française devait en être la suite. Mais le génie de l'homme extraordinaire trompa tous les calculs, et tout fut réparé par son grand caractère et ses ressources. Il fut merveilleusement aidé par ses généraux et surtout par la ténacité héroïque du maréchal Masséna, par les fautes et les lenteurs des Autrichiens.

Quelque temps avant les événemens que nous venons de rappeler, l'Empereur Napoléon, dans l'intérêt de sa politique, avait jugé qu'il lui convenait d'établir une royauté en Hollande. Il destinait à ce nouveau trône le prince Louis, son frère, qui avait épousé la fille de l'impératrice Joséphine. Ce prince n'avait pas reçu de la nature ce qu'il fallait pour être un héros de bataille : d'une complexion faible et débile, presque infirme, il avait les qualités d'un honnête homme. Aimer était dans sa nature ; il éprouvait le besoin d'être aimé, et son désespoir était de ne pas y réussir. Sa voix était douce et insinuante ; il s'apitoyait pour tous les malheurs publics et privés ; il était sans ambition, et il aurait volontiers refusé la couronne, mais on lui ordonna impérieusement d'être roi de Hollande. Il partit pour gouverner une petite nation illustrée par quatre siècles de prospérité, de succès et de gloire, qui lui donnent, sans aucun doute, la supériorité sur tous les peuples contemporains.

Il arriva presque seul et sans pompe en Hollande, où il fut accueilli avec répulsion. Il se trouva isolé dès les premiers jours ; mais ayant déclaré que son intention était de s'unir intimement aux intérêts du pays, et que désormais il serait Hollandais, on revint à lui peu à peu, et il parvint à se faire aimer de cette nation loyale, franche et bonne. Il tint tout ce qu'il avait promis ; mais il devint suspect à l'Empereur, son frère, qui croyait n'avoir envoyé qu'un instrument pour achever la ruine d'un petit peuple qu'il supposait contraire à sa politique et à ses desseins.

Le gouvernement du Roi rapprocha les intérêts commerciaux de la Hollande et de l'Angleterre, qui étaient identiques, et en fit des alliés au lieu d'ennemis qu'on les aurait voulus. Le blocus continental reçut une brèche depuis l'île de Walcheren jusqu'aux bouches de l'Ems. La contrebande se faisait ouvertement, et les négocians hollandais, qui avaient conservé beaucoup de relations sur le continent, distribuaient les marchandises anglaises à leurs correspondans.

Telle était la situation lorsque l'Angleterre mit à la mer l'expédition contre Flessingue et les chantiers d'Anvers.

La participation du gouvernement hollandais n'était pas ouvertement manifeste ; mais elle se faisait sourdement et sans bruit, lorsque cette grande expédition mit à la voile, se présenta devant Flessingue et débarqua des troupes dans les îles de Walcheren et de Kadsand.

La place de Flessingue était en bon état et munie d'une garnison suffisante ; le général qui la commandait jouissait d'une bonne réputation militaire ; mais il commit la faute de ne pas inonder la portion de l'île qui environnait la place pour qu'elle ne pût pas être attaquée par l'armée de terre. Mais inonder toute l'île était une barbarie et de plus une opération difficile. L'île est étendue et renferme plusieurs grandes villes, beaucoup d'établissemens et une population nombreuse, riche et bien établie. Les digues qui la garantissent contre les flots de la mer sont des ouvrages merveilleux et tellement solides que le travail serait long et pénible ; il serait même inutile, car l'île peut être tournée ; la grande passe est au nord et s'appelle le Catégat. C'est par là qu'entrent les gros vaisseaux pour arriver dans l'Escaut oriental, dans les eaux de la Zélande et dans les fleuves de l'intérieur de la Hollande. Cette faute donna aux Anglais l'avantage de diriger leurs attaques en même temps par leurs troupes de terre et par l'armée navale. L'amiral qui commandait notre flotte eut la précaution de la faire entrer dans l'Escaut pour qu'elle ne fût pas attaquée avant la prise de Flessingue.

Je vais entreprendre de faire connaître tout ce qui
s'est passé en Hollande, et la situation délicate et difficile où je me suis trouvé.

Le Roi était à son château de Loo; il me fit écrire
pour m'annoncer la courte absence qu'il allait faire. Il
me prescrivit de continuer mes rapports ordinaires en les
adressant au château de Loo, et il me recommandait de
ne pas faire de mouvement de troupes, quel que fût
l'événement qui survînt pendant son absence. Cette lettre
était fort courte; elle n'était pas de l'écriture du secré-
taire de son cabinet, mais d'une main étrangère dont les
caractères m'étaient inconnus; elle me fut remise, le
26 juillet, à mon quartier-général d'Elversum.

Le 27 du même mois, dans la matinée, je reçus une
dépêche du ministre de la guerre qui m'informait qu'une
grande expédition anglaise s'était présentée devant Flessingue, qu'elle avait débarqué des troupes dans l'île
de Walcheren et dans l'île de Kadsand, que le Roi était
absent et hors du royaume, et qu'il n'avait délégué les
pouvoirs du gouvernement à aucun de ses ministres.

Cette nouvelle, sans m'affliger, me fit sentir tout l'embarras de ma position. J'avais ordre de ne faire aucun
mouvement de troupes pendant l'absence du Roi; d'un
autre côté, je savais la place de Berg-op-Zoom totalement désarmée, et que même on n'en fermait pas les
portes. J'étais convaincu que l'expédition des Anglais
sur Anvers ne pouvait avoir aucun succès, si elle n'était
appuyée par l'occupation de cette place. Je résolus donc,
malgré les ordres contraires que j'avais reçus du Roi,
de mettre en marche toutes les troupes sous mon commandement et de les diriger, à journées forcées et sans
perdre un moment, sur Berg-op-Zoom.

Deux heures après, toutes les troupes se mirent en mouvement dans cette direction, infanterie, cavalerie, artillerie, au nombre, à peu près, de dix mille hommes. J'en donnai le commandement au général placé à la tête de la cavalerie de la garde, en lui recommandant la plus grande diligence, et, de ma personne, accompagné de deux aides-de-camp, je me rendis à Amsterdam auprès du ministre de la guerre. Je lui demandai des ordres, il refusa de m'en donner; je le priai de m'assurer les vivres et la subsistance, tant sur la route que dans la place, et il le fit immédiatement.

Parti d'Amsterdam, à deux heures après midi, je m'embarquai à Rotterdam dans une barque bien équipée et j'arrivai à Berg-op-Zoom vers les sept heures du matin. Aussitôt je convoque le bourguemestre et le commandant de la garde nationale; je donne l'ordre d'assembler cette milice, j'en passe la revue et je m'assure du bon état de son armement. Je trouvai partout de bonnes dispositions. J'appelai près de moi les différens gardes-magasins et chefs de service, qui me donnèrent les renseignemens nécessaires sur les arsenaux et les magasins de la place. J'appris qu'il y avait dans les casemates six cents prisonniers disciplinaires, retenus pour des délits militaires, en dehors du ressort des conseils de guerre. J'envoyai un aide-de-camp pour les voir, les haranguer, connaître leurs dispositions morales et s'assurer s'il était prudent de les armer et de les faire contribuer à la défense de la place. Le rapport leur étant favorable, je donnai l'ordre de les armer et de les équiper, je trouvai dans la place des officiers retraités pour les commander. J'ordonnai aux troupes dispersées dans les îles de la Zélande de venir me joindre

et aux canonniers d'enclouer leurs pièces. Le lende-
main 28, tous étaient rentrés, au nombre de six cents,
dont cent cinquante canonniers qui furent réunis pour
commencer l'armement de la place. Je fis requérir dans
les campagnes des pionniers et des terrassiers pour tra-
vailler à préparer les inondations autour de la place,
sans cependant donner passage à l'eau, en laissant un
bourrelet suffisant et qui pût être rompu, en cas de
besoin, par quelques coups de pioche. On travaillait
très activement à l'armement de la place ; les cartou-
ches d'infanterie manquaient, j'ordonnai qu'on en fît toute
la nuit, à la lumière des lanternes d'arsenal, afin d'en
avoir une quantité suffisante pour résister à une pre-
mière tentative. J'établis un bivouac de quatre cents
hommes sur le bastion du port qui était avancé dans le
terrain marécageux de la plage.

Partout je trouvai de la bonne volonté et un loyal
concours. J'écrivis alors au commandant d'Anvers pour
lui demander un rendez-vous sur la limite extrême des
deux Etats, à Zandwig. Ma proposition fut acceptée et
l'entrevue fixée à neuf heures du matin. Ce général s'y
rendit, et nous convînmes d'établir en commun sur cette
frontière et en face du port de Bath, une forte redoute
qui serait armée par de l'artillerie de gros calibre, pouvant contribuer à la défense de cette place, et empêcher toute tentative ou surprise de l'ennemi.

A la marée basse, le petit bras de l'Escaut, qui sépare l'île de Sud-Beveland de la terre-ferme, étant
guéable, offrait un véritable danger en cas d'attaque
imprévue.

J'avais hâte de rentrer à Berg-op-Zoom pour y continuer les travaux de l'armement et presser l'organisa-

tion de différens services; mais je vis des troupes qui paraissaient sortir du fort de Bath et qui s'acheminaient rapidement sur la digue de la mer. Ce n'étaient pas des Anglais. J'étais accompagné par un seul aide-de-camp que j'envoyai en reconnaisance; au retour, il me dit que c'étaient des troupes hollandaises postées à la pointe de l'île de Walcheren, qui, ayant jugé avec raison que toute résistance était inutile, s'étaient retirées prudemment dans l'île de Sud-Beveland, et, qui, n'ayant pas trouvé de garnison dans le fort de Bath, avaient traversé, à marée basse, le gué dont il a été question plus haut. La veille, le 28, ayant appris que le général qui commandait ces troupes était arrivé à Goes, je lui avais envoyé des ordres et des instructions détaillés pour sa retraite. D'après ce que je lui disais, il devait, s'il était poussé par des forces anglaises considérables, inonder une portion de l'île pour les arrêter et empêcher leur arrivée jusqu'au fort de Bath, dans lequel il devait s'établir et se défendre jusqu'à l'arrivée des secours de vivres et de munitions déjà chargés sur des barques qui étaient prêtes à partir à la haute marée. Je l'avais informé que, le jour même, dix mille hommes sous mes ordres entraient dans Berg-op-Zoom, et qu'alors cette place serait hors de danger. Je lui avais prescrit enfin de faire bonne résistance, le fort de Bath étant un des postes les plus essentiels pour arrêter les efforts de l'expédition anglaise.

Aussi, arrivé à Berg-op-Zoom, j'ordonnai de ne pas laisser entrer les troupes fugitives sans avoir reçu des instructions précises. Leur général m'était devenu suspect parce que je savais qu'il avait eu des conférences avec plusieurs officiers anglais; qu'il n'avait tenté aucune résistance ni préparé, conformément à mes ordres, l'inondation des environs de Bath. Quelques officiers de cette troupe, introduits auprès de moi, me donnèrent cependant l'assurance formelle des bonnes dispositions de leurs soldats; je permis alors leur entrée dans la place, à l'exception du général commandant que je consignai à la porte. Au même instant, les troupes, qui étaient parties à journées forcées du camp de Naarden, se présentent et sont introduites dans la place.

J'eus alors sous ma main une force de douze mille hommes et je n'eus plus rien à craindre; car, d'après mon opinion, la place était en sûreté et l'expédition anglaise avait avorté.

La flotte de Flessingue avait profité de la haute marée pour remonter l'Escaut; elle avait dépassé le fort de Bath et était arrivée tout près du fort Lillo, non loin d'Anvers. Elle était hors d'atteinte des Anglais, et Berg-op-Zoom avait une défense suffisante contre toute attaque.

Le 30 juillet fut employé à faire des reconnaissances autour de la place et particulièrement dans l'île de Tholen, qui établit une communication directe entre les mers de la Zélande et la terre-ferme, dont elle est séparée par un canal large et profond qu'on appelle l'Indragt. Ce canal sert de communication entre Berg-op-Zoom et les eaux intérieures de la Hollande. Une portion de cette île est desséchée depuis long-temps; elle est fertile, bien cultivée et habitée par une population assez nombreuse. L'autre partie, moins habitée, s'étendant vers le nord et endiguée plus récemment, possède un petit port qu'on appelle Stavenisse et un mouillage assez sûr, où peuvent s'abriter des navires d'un fort échantillon. On pourrait, en y opérant un débarquement facile, conduire une attaque jusqu'aux portes de Berg-op-Zoom.

J'appelai le bourguemestre de Tholen ; il me parut un homme remarquable par son bon sens et son intelligence. Je le nommai gouverneur de toute l'île et lui donnai mes instructions pour les règlemens de police, le dénombrement de la population et l'expulsion hors de l'île de toutes les personnes que l'on pouvait supposer avoir des relations avec l'ennemi.

Un pont de bateaux formait une communication continuelle entre l'île et la terre-ferme. Je fis plier le pont, conduire les barques sous les canons des remparts, en ne laissant qu'un bateau pour servir de communication. Une forte garde fut établie aux environs de la place pour surveiller le passage. Le 31 du même mois, après m'être assuré du progrès de l'armement des remparts, je fis sortir trois régimens d'infanterie de la garde, un régiment de ligne, toute la cavalerie et l'artillerie, et j'occupai avec ces troupes les positions qui me parurent les plus convenables : l'infanterie au bivouac, la cavalerie dans les villages, mon quartier-général à Ossendrecht.

Le soir, à la marée montante, la mer fut couverte de chaloupes et de petites barques plates, qui vinrent sonder la plage autour de Berg-op-Zoom. Deux bricks armés les protégeaient et dirigeaient le sondage. Les petites barques plates s'approchèrent même si près des digues, qu'un bataillon de chasseurs, qui y était posté, put engager la fusillade avec les équipages et les éloigner.

L'île de Sud-Beveland se remplissait de troupes de terre de l'armée anglaise qui se dirigeaient vers le fort de Bath ; mais je n'eus aucune crainte, car il leur était impossible d'amener de l'artillerie. Elles ne pouvaient atteindre la terre-ferme qu'en passant le gué à marée basse, et j'avais à leur opposer deux batteries, une nombreuse cavalerie et trois régimens d'infanterie. Anvers avait reçu des renforts considérables et pouvait se défendre contre une attaque sérieuse; la flotte était rentrée saine et sauve, la place de Berg-op-Zoom était armée de manière à pouvoir soutenir un siége, la place de Flessingue n'avait pas encore capitulé, et nous avions appris le gain de la bataille de Wagram par l'Empereur. Tout allait donc pour le mieux, et cette expédition, qui avait tant coûté, devenait sans puissance et cessait de nous causer aucune crainte sérieuse.

Le Roi, informé de ce qui se passait en Hollande, se hâta d'y rentrer, et il se présenta au milieu des campemens de sa garde le 2 du mois d'août; il se montra satisfait de toutes les mesures que j'avais prises et me combla d'éloges. L'Empereur, son frère, ayant pourvu à la sûreté d'Anvers et donné le commandement à un maréchal de France, le Roi rentra à Amsterdam avec les troupes de sa garde et le colonel-général qui les commandait.

DES FAUTES COMMISES PAR L'ARMÉE ANGLAISE.

L'expédition formidable qui sortit des côtes d'Angleterre n'avait jamais eu de pareille; elle pouvait réussir. Tout le nord de la France était dégarni de troupes depuis Gand jusqu'à Lille; il ne lui manqua que la célérité et une meilleure direction. Cette expédition devait avoir atteint son but dans moins de dix jours, ou bien elle était destinée à ne pas l'atteindre.

L'attaque de l'île de Kadsand fut une faible diversion. En marchant depuis Bruges jusqu'au Sas-de-Gand, sur la rive gauche de l'Escaut, on arrivait en face de la citadelle, et il fallait traverser le fleuve en affrontant les plus grands moyens de défense. Le trajet dans un pays marécageux et coupé de canaux, devait prendre plusieurs jours; il était impraticable pour l'artillerie.

Les bouches de l'Escaut étaient fermées par la place de Flessingue, et l'amiral français avait mis sa flotte en sûreté en la faisant entrer dans l'Escaut où elle était à l'abri de toute attaque.

L'expédition anglaise devait donc, en tournant l'île de Walcheren, entrer dans l'Escaut oriental et occuper l'île de Sud-Beveland, en se dirigeant sur Bath, tandis que le fort de l'expédition se serait dirigé sur Stavenisse, à la pointe nord de l'île de Tholen, polder desséché depuis long-temps et par où pouvait passer l'artillerie jusqu'à portée de canon de Berg-op-Zoom. Cette place était totalement dégarnie de troupes et désarmée. De ce point à Anvers, il n'y a qu'une forte journée sur un terrain sec et par lequel on n'eût trouvé aucun embarras pour le passage de l'artillerie et de la cavalerie. Les Anglais ne devaient pas ignorer la situation où se trouvait Berg-op-Zoom, totalement désarmé, sans garde et même sans moyen de fermer les portes. Cette situation était très connue, et ils ne peuvent pas même alléguer le respect du territoire hollandais, puisqu'ils l'avaient déjà violé par l'occupation de l'île de Walcheren et de Sud-Beveland. Ils devaient savoir aussi que la flotte française de Flessingue était entrée dans l'Escaut; que cette flotte profitait de toutes les hautes marées pour remonter le fleuve et se sauver vers Anvers, ce qui devait exiger

plusieurs jours ; car, aux marées basses, les vaisseaux
reposaient sur la vase, sans moyen de se mouvoir. Dans
cette situation, les Anglais ayant des brûlots, des fusées
à la congrève et des vaisseaux plats, armés de pièces
de gros calibre, toujours à flot, et qui auraient ma-
nœuvré avec avantage contre de gros vaisseaux repo-
sant sur la vase et ne pouvant faire aucun mouvement,
les Anglais, dis-je, avaient toute facilité pour passer de
l'Escaut oriental dans l'Escaut occidental, en suivant le
canal large et profond qui sépare l'île de Walcheren de
l'île de Sud-Beveland. Pour que cette tentative réussît,
il fallait de la célérité ; elle devait être exécutée dans
moins de dix jours, ce temps devant suffire pour faire
affluer dans Anvers tous les moyens de défense nécessaires pour préserver la ville et ses chantiers.

On avait formé en Angleterre une flotte considérable,
composée de plus de quatre cents voiles, chargée du
transport de toutes les troupes de l'expédition, qui dé-
passaient le nombre de trente mille hommes, cavalerie,
infanterie, artillerie, munis de tout ce qui pouvait être
nécessaire à une pareille entreprise ; on n'avait reculé
devant aucune dépense. Le frêt des bâtimens de transport
avait été payé au double des prix ordinaires.

Cette flotte, en partant d'Angleterre, aurait dû rece-
voir l'ordre de se diriger directement sur Willemstadt,
dans les grandes eaux de la Hollande, et de là deux jours
de marche suffisaient pour arriver à Anvers, sur un terrain sec et sans trouver aucun obstacle. La cavalerie était
assez nombreuse pour intercepter tous les petits déta-
chemens composés des ramassis de tous les dépôts cir-
convoisins, qui s'acheminaient presque sans ordre et sans
direction sur Anvers.

La résistance de Flessingue fut un obstacle pour empêcher la flotte anglaise d'entrer dans l'Escaut, et devint une sorte de Thermopyles qu'on aurait dû tourner par le passage qu'on appelle le Nouth.

Mais toutes ces mesures devaient se prendre avec la plus grande célérité. Le débarquement dans l'île de Kadsand était, je le répète, une faible diversion qui ne pouvait être d'aucun avantage, qui demandait trop de temps dans un pays couvert de digues, de marais et de canaux. D'ailleurs, ce débarquement n'empêcha pas qu'on fît entrer à Flessingue les troupes de renfort dont cette place pouvait avoir besoin.

Mais ce ne furent pas encore là toutes les fautes que commirent les Anglais. Lorsqu'ils surent que la flotte française était rentrée dans le port d'Anvers, que cette ville était à l'abri de toute attaque, que faisaient-ils dans les îles de Walcheren et de Sud-Beveland? Après l'avortement de leur expédition, ils y mouraient de la fièvre en dépensant des sommes immenses, obligés qu'ils étaient de tout apporter d'Angleterre, jusqu'à l'eau qu'ils buvaient. Ils ne pouvaient même pas alléguer pour raison qu'ils faisaient une expédition en faveur de l'armée autrichienne; la bataille de Wagram avait été gagnée par l'Empereur; l'armistice d'Isnaïm était conclu, et le préliminaire de la paix était posé. L'armée de Napoléon était plus nombreuse qu'avant la bataille, et l'Empereur d'Autriche s'apprêtait à donner, pour gage d'une longue paix et d'une longue alliance, une archiduchesse d'Autriche. Au lieu de se décimer ainsi inutilement, la flotte anglaise aurait pu se porter sur les villes Anséatiques et sur la Poméranie prussienne. Schill y avait déployé l'étendard de la révolte et était appuyé par la sympathie des

populations ; quant aux garnisons qui occupaient les
places d'ôtage livrées par la Prusse , elles ne pouvaient
pas en sortir sans courir le risque d'être aux prises avec
les populations révoltées. Cette expédition pouvait donc,
en appuyant ces dispositions , retarder les conclusions
de la paix entre Napoléon et l'Empereur d'Autriche et ,
peut-être , renouer une nouvelle coalition dans le Nord ,
composée de la Russie et de la Prusse. Le traité traî-
nait en longueur , et l'Empereur Napoléon profitait de
toutes les incertitudes pour augmenter le nombre de ses
troupes en Autriche et attendre les événemens qui pouvaient survenir dans le Nord. Les oligarques russes
supportaient impatiemment le joug onéreux du blocus
continental qui les ruinait, et ils cherchaient l'occasion
de le secouer. L'Empereur Alexandre , dont la loyauté
l'avait soutenu jusqu'alors , se rappelant la triste destinée de Paul Ier , s'y décida enfin , et le blocus continental fut levé.

TARAYRE,

Général de division.

Rodez, Imp. de Carrère Aîné.

www.ingramcontent.com/pod-product-compliance
Lightning Source LLC
Chambersburg PA
CBHW070754280326
41934CB00011B/2927